**The item should be returned or renewed
by the last date stamped below.**

Dylid dychwelyd neu adnewyddu'r eitem erbyn
y dyddiad olaf sydd wedi'i stampio isod

Newport
CITY COUNCIL
CYNGOR DINAS
Casnewydd

PILL.

To renew visit / Adnewyddwch ar
www.newport.gov.uk/libraries

- HERGÉ -

TROIOÙ-KAER TINTIN

TINTIN EN AMERIKA

casterman

Traduction : Olier Biguet

 Embannet gant skoazell Rannvro Breizh

www.casterman.com
www.tintin.com

©Casterman 2017
ISBN : 9782203152946
N° d'édition L.10EBAN000324.N001

Achevé d'imprimer en septembre 2017 par DZS, Slovénie. Dépôt légal : septembre 2017 ; D.2017/0053/420

TINTIN
EN
AMERIKA

E Chicago, e-lec'h ma ren for-banned a bep seurt, un noz...

Sklaer eo an traoù. Kaset e vo Tintin, ar c'helaouaer hollvrudet, evit stourm ouzhimp. Ur gwall enebour eo. Dizarbennet en deus ar steuñv am boa savet evit kontrollañ ar produiñ diamantoù e Kongo. Meur a hini e-touez hor mignoned a zo bac'het eno. Bremañ e teu ar c'helaouaer-se d'hon tagañ. Setu ma urzhioù : arabat da Dintin chom un devezh e Chicago. Lâret 'm eus !

Ha setu-ni e Chicago, Milou !

Da gentañ, d'al leti !...

Taol evezh, Chicago, erru omp !...

Kasit ac'hanon d'al leti Osborne !...

Mat an traoù !

All right ! Serr eo ar stalafioù. Tapet al labous !...

Hag ar c'harr-tan-se eo?...

Ya, hennezh an hini eo!

HARZIT!

Ho taouarn er vann!

Perak hoc'h eus skrapet ac'hanon?...

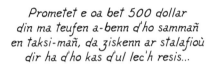

Prometet e oa bet 500 dollar din ma teufen a-benn d'ho sammañ en taksi-mañ, da ziskenn ar stalafioù dir ha d'ho kas d'ul lec'h resis...

Da belec'h 'ta?...

Da belec'h e ranken ho kas?... Hama... Emichañs e vo dalc'het kont eus ma onestiz... Prest on da ziskouez deoc'h.

?

Aze! ur boomerang!...

Thank you!

Tec'hout a ra gant hor marc'h-tan!

Good bye!

Gant ar c'harr-tan, ha buan!
Deomp war e lerc'h!...

Setu, kemerit ar
bistolenn-mañ...

Trugarez...

Tostaat a reomp ouzh kêr...
Arabat koll anezhañ...

Emichañs e vo Tom eno
gant ar c'harr-tan stekiñ,
anez e vin tapet!...

All right!
Deomp dezhi!

Kit dezhi!

Un taksi eo, bleinet gant poliserien,
hag a zo bet stoket outañ gant
ur c'harr-tan all...

Gwashat
gwallzarvoud!

Pebezh
stok!...

DIN DIN
DIN

Ma Doue! ar paourkaezh paotr...

Seblantout a ra bezañ
gwall yaouank...

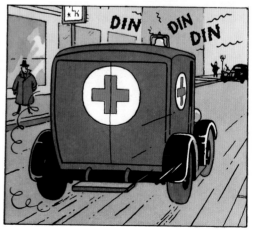

DIN DIN
DIN

Un nebeud devezhioù war-lerc'h...

Setu-ni war vale erfin. Ne oa ket gwall c'hrevus...

Se a ra vad lonkañ ur banne avel !

Nag a dud !...

Truez am eus ouzh chas Chicago hag a rank treuziñ an hent...

KLEK

Chomomp war evezh...

Ac'hanta, mat eo ?... Kelaouiñ a ri ar patrom ?...

Chomit sioul, mar karit, paotr yaouank : emañ ma lagad warnoc'h !... Setu ar patrom...

Petra 'zo c'hoarvezet ganin ?...

Sell 'ta ! setu aze ar c'helaouer hollvrudet ! Hag an tamm kañfard-mañ eo en doa c'hoant da dalañ ouzhin-me, roue forbanned Chicago ?...

Labouret hoc'h eus mat. Setu ar sammad divizet...

Trugarez, patrom !

Ha setu evidoc'h. Ha bremañ, en em zizober buan diouzh an abostol-se...

Mat eo, patrom !

Ha doare ebet da achap diouzh an hailhon-mañ ! Ar wech-mañ eo echu ganin !

Buan, n'eus ket un eilenn da goll !...

Unan...

Daou...

Ha tri !...

Trugarez, Milou !... Ur wech ouzhpenn ec'h eus saveteet ma buhez !...

Troc'het e c'hwitell dezhañ, hañ !... Gwelet ec'h eus ?

Sellomp bremañ, petra a c'hoarvez amañ ?... Marteze e kavin an tu da lakaat ar c'hrog war ar vandennad torfedourien-se...

Ha c'hoant 'c'h eus ez afen da c'hervel ar polis, Tintin ?

Petra 'zo c'hoarvezet ganin ?

Ken gwir hag eo Pietro ma anv, ma digoll am bo, hag em bo !

N'emañ ket mui ma revolver ganin, met setu un arm ken efedus all...

Petra emaint o kontañ ?...

Petra 'c'hoarvez ?

Tri mil boulc'hurun !... Pebezh hailhon !... Deuet eo a-benn da ziskar ar patrom ha Pietro !...

Ma, aet eo kuit !... Emaon o vont da ober war-dro an daou all, da c'hortoz e zistro !...

Dao ! Dal a unan !...

Ha setu-int ereet o-daou !... D'an trede, bremañ !... Ac'hanta ! Klevet a ran anezhañ...Emañ o tont war e giz...

Fidamdoustik ! pelec'h an diaoul eo aet da guzh ?...

Diwall, Tintin, o tont emañ...

Ha dao ! d'an trede eus an aotrouien-se !... Ha bremañ, kelaouiñ ar polis...

Pebezh drailh !..

Buan, buan, policeman, emaon o paouez prizoniañ Al Capone, an hini hollvrudet, ha daou eus e gendorfedourien !

Alo !... Deuit buan ! Emaon o paouez herzel un den yaouank foll hag a em-bann bezañ prizoniet Al Capone hag e zaou letanant !...

...Neuze ez eus deuet un den all d'o distagañ. Klasket em eus mirout outañ, met, pevar ouzh unan, ne oa ket mui kempouez ar c'hrogad, ha ranket em eus tec'hout kuit. Heuliet em eus da roudoù, ha setu-me!...

Mat-tre eo, Milou. Ur c'hi mat a zo ac'hanout!

Setu erfin al leti e-lec'h ma'z on gortozet abaoe meur a zevezh...

Sell 'ta! Ur palez!

Ac'hanta! erru oc'h, aotrou Tintin!... Krediñ 'raemp ne zeufec'h ken. Prest eo ho kambr abaoe meur a zevezh...

Ya, da erruout abretoc'h e oan, met daleet on bet.

Arsa! setu ar paotr. Emaon o vont da gelaouiñ ar patrom diouzhtu...

Er 37vet estaj emañ, aotrou.

Mat!

Setu ho kambr, aotrou Tintin.

Trugarez.

Sell 'ta?... Ul lizher evidon?...

Ao. Tintin,
Kemenn diwezhañ!...

Un tren evit New York a vo warc'hoazh, da 11e55. Eno ez eus ul lestr evit Europa... Ma n'oc'h ket aet diouzh Chicago warc'hoazh, da greisteiz, na dalvezo ket ho puhez ur chik-butun...

Setu, aotrou Al Capone, ar pezh a ran-me gant ho kourdrouzoù!

Ya, setu ar pezh a reomp gant ho kourdrouzoù...

An deiz war-lerc'h, da 11e55.

RRRING

RRRING

Alo?... Alo?... Alo?... Alo?...

Piv eo, Tintin?

Alo... Alo??...

Eus ar c'hentañ!... Gant ar bellgomzadenn-se em eus gallet antreal hep sachañ e evezh!

Iskis eo... Advarc'het ez eus bet... Ur fazi, moarvat... Ha padal, chuchumuchu a oa er penn all...

Dousik... Tamm trouz ebet...

'Rez ket bil, Milou. Chom amañ.
Emaon o vont da c'hoari dezhañ
un dro diouzh ma ratre...

Hama?
Pelec'h emañ 'ta?...

Ho taouarn er vann,
aotrou ker!...

Alo!... Alo!... Amañ, Tintin!... Ya...
kasit daou boliser din diouzhtu...

Deuit tre!...

Gourc'hemennoù a lavaran deoc'h, aotrou Tintin. Tapet hoc'h eus aze un torfedour dañjerus. Ha mat eo deoc'h dont ganimp betek an ti-polis, evit an difraeoù boas?...

Gant plijadur!

Teurvezit dont ganin, aotrou Tintin. Emañ ar c'homiser ouzh ho kortoz...

Iskis eo kement-se... Dre chañs em eus kemeret ma diarbennoù : armet on!...

Teurvezit antreal, me ho ped...

POLICE

POLICE

POLICE

G._ GANGSTERS'
S._ SYNDICATE OF
C._ CHICAGO

G.S.C.

How do you do, Mister Tintin?...
Plijet-bras on oc'h ober anaoudegezh ganeoc'h. Kit en ho koazez, please!...
Ur segalenn?... N'ho po ket?...
Neuze, deomp dezhi hep tortal!

Rener ar gevredigezh enebour da Al Capone ez on-me. Reiñ a rin 2.000 dollar bep miz deoc'h evit ma sikour da stourm outañ. Ouzhpenn-se, mar lazhit Al Capone evidon, ho po ur prof 20.000 dollar. Ha mat eo deoc'h? Setu, sinit ar gevrat...

Ho taouarn er vann, forbann!...
Ha roit din ar baperenn-mañ!...
Deoc'h da c'houzout, deuet on da Chicago evit trec'hiñ war ar c'hangsterien ha neket evit mont da c'hangster ma-unan...

Evit kregiñ emaon o vont da lakaat harz warnoc'h...

Feiz!... a gav deoc'h?...

Eus ar c'hentañ ar wikefre-mañ lec'hiet dindan ma zroad!...

Tapet on bet!...
Ha setu-me prizoniad!...
Sell 'ta! Moged?...
Iskisat c'hwezh...
Daoust ha...

Arsa, ya, ur gaz mougus eo! Fellout a ra dezho ma ampoezoniñ! Buan, ma mouchouer!...

Mann d'ober!...
Echu eo ganin...
Mougañ a ran... Tan zo em bruched...

Sell 'ta, Bill!... Efedus-kenañ eo bet hor gaz O.X2Z.

Ha bremañ, d'al lenn Michigan!...
D'an daoulamm!...

Den ebet war wel... Mat eo, Bill, gallout a rez dont...

⑫

Deomp dezhi, stlapomp anezhañ!...
Unan... Daou...

Tri!

Setu, graet eo. Deus, poent eo distreiñ.

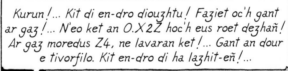

Kurun!... Kit di en-dro diouzhtu! Faziet oc'h gant
ar gaz!... N'eo ket an O.X2Z hoc'h eus roet dezhañ!
Ar gaz moredus Z4, ne lavaran ket!... Gant an dour
e tivorfilo. Kit en-dro di ha lazhit-eñ!...

Ma welez anezhañ, na
c'hwit ket warnañ, hañ!...

'Rez ket
bil!...

Ho taouarn
er vann!...

Lakait ho pistolennoù war al leur !...

Dreist-holl, fiñv ebet pe e loskin ho klopenn !...

Trugarez !... Hegarat-tre oc'h... Ne oa arm ebet ganin !

PAW

Truez !... Truez !...

Bezit dinec'h ! Ne rin nemet gervel ar polis !...

Petra 'c'hoarvez ?...

Policemen, teurvezit degemer an daou zen-mañ. Daou forbann dañjerus a zo anezho !...

An deiz war-lerc'h...

CHICAGO TRIBUNE !... Daou c'hangster prizoniet gant ur c'helaouaer yaouank !... Munudoù a-leizh !... Diskuliadennoù sebezus !... Goulennit Chicago Tribune !...

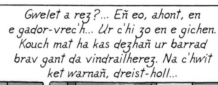

Gwelet a rez ?... Eñ eo, ahont, en e gador-vrec'h... Ur c'hi zo en e gichen. Kouch mat ha kas dezhañ ur barrad brav gant da vindrailherez. Na c'hwit ket warnañ, dreist-holl...

TAK
TAK
TAK
TAK
TAK

Graet eo !... Eus ar c'hentañ !

Feiz ! Morse ne vez c'hwitet war ma den ganin...

Pegement a zlean deoc'h ?

Ar sammad boas e vo : mil dollar.

Emichañs eo mat deoc'h. Ma digarezit p'ho kuitaan ken trumm, met teir afer am eus c'hoazh da blediñ ganto er beure-mañ... Good bye !

Good bye !

Hama, Milou, petra'soñjez eus se?... Ha ne oa ket ur soñj fur diwall diouzh ar prenestroù?... Aet ar jakoù am boa staliet dirazo da loaioù-sil!...

Edo ar gwir ganit, Tintin!... Met... Daoust ha... ne vefe ket moaien... Ha ne c'hallfe ket ar jakoù-se kendelc'her gant da enklask en hor plas?...

Ha bremañ pa soñj dezho int deuet a-benn da gaout an dizober diouzhin, emaon o vont da brientiñ ur souezhadennig d'ar forbanned-se...

Ac'hanta, ya?... jakoù adarre?...

An deiz war-lerc'h...

Ac'hanta, Bob, kelaouet on bet e vo treuzdouget meur a donellad wiski goude merenn gant ur c'harr-samm da vandennad Coconut. Kuzhet e vint e-barzh fustoù esañs. Petra'soñjez eus se?

Anat eo: dimp e vo ar c'harr-samm...

Ar santad am eus e vimp gortozet en ul lec'h bennak.

Sell'ta! ha ne'm boa ket lavaret deoc'h?...

Ata, diskennit!... Hastit afo!... Kentañ hini a fiñvo...

Ho taouarn er vann!...

Ho taouarn er vann!...

Ho taouarn er vann!...

Gourc'hemennoù deoc'h, aotrou Tintin! Ma brasañ gourc'hemennoù!... A-drugarez deoc'h hon eus graet ur rastelladeg vrav. Me...

Kurun! petra 'c'hoarvez?...

PAW PAW PAW

Good bye!...

Mil gurun!... En em laerezh kuit e-giz-se a-zindan ma fri!... Ha Bobby Smiles eo, penn ar vandennad!

Bezit dinec'h, e gas a rin deoc'h en-dro, ho pBobby Smiles!

Antronoz

Setu daou bellskrid o kemenn din emañ ar forbann-se e Redskincity, ur gêr bihan-bihan, tost da warezva ar C'hroc'henoù-Ruz. Milou, deomp da Redskincity!

Met... met... n'aimp ket, alato, da vro ar C'hroc'henoù-Ruz, neketa, Tintin?...

Daou zevezh gant an hent-houarn evit dont betek amañ!... Erru omp a-benn ar fin, aze 'mañ ar pep pouezusañ.

REDSKINCITY

Gwelet ec'h eus, Milou? Setu ur gwir Groc'hen-Ruz.

Ar santad 'm eus ez eo sebezet an dud gant hon dilhad amañ, Milou!...

Gortoz ac'hanon, Milou. Emaon o vont da brenañ ur gwiskamant...

Ha ma kred dezho emaon o vont da doullañ kaoz gant chas kroc'hen-ruz!...

Ya, ar c'hiz diwezhañ eo. Stouet e vez ar gourizad tennoù war an tu dehoù. Ar goañv diwezhañ e oa war an tu kleiz...

Mat eo. Eus ar c'hentañ!

⑯

Satordallik! ar patrom a stago
ur penn outañ'vat!...

Patrom!...
Patrom!...

Patrom... taolit evezh!
Emañ Tintin o paouez erruout!
Sur on emañ war ho lerc'h!...

Kurun!

E-keit-se...

Me 'gav din em eus aze ur gazeg hag
a blijo deoc'h...

Sell 'ta!
Bravat
loen!

Setu!... Homañ a zo reizh-kenañ.
Levenez eo hec'h anv...

Demat,
Levenez!

Eee!... Plijout a ra din al loen-
se, ya... met... eee... n'ho pefe
ket an hevelep hini... sklaeroc'h?
Blev hennezh ne jaojont ket
nemeur ouzhin!... Hag ivez...
eee... n'ho pefe ket ul loen
imoret gwelloc'h?...

Plijout a raio hemañ deoc'h...

Ya, me 'gav din n'eo ket
ken buanek!...

Deomp dezhi, Milou! Kas ac'hanon
da doull ar forbanned-se!

Chom a-sav, Tintin.
Erru omp.

Ho taouarn
er vann!

Den ebet?...

Arsa! ahont, setu-eñ!... O tec'hout
war varc'h emañ, an hailhon!...
Moarvat eo bet kelaouet edon o tont...

Bec'h dezhi, aotrou forbann!...

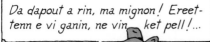

Da dapout a rin, ma mignon! Ereet-
tenn e vi ganin, ne vin ket pell!...

PAW
PAW

Tintin!... Diwall, paourkaezh!... Emaout
o strobañ da varc'h da-unan!

C'ha! c'ha! se a zesko dezhañ ober gant ul las-bann!... Pell e vin kent ma vo distrobet!...

Satordallik! Kroc'henoù-Ruz!... Penaos en em dennañ alese?...

Salud, Sachem Meur!... Ra vo ar peoc'h ganit.

Salud, a Zremm-Wenn!... Petra a zeuez da ober war tachenn chase an Treid-Du?...

Sachem Meur, deuet on da'z kelaouiñ ez eus ur brezelour gwenn yaouank o tont davedoc'h. Leun a gasoni eo e galon ha forc'hek e deod. Diwall dioutañ rak fellout a ra dezhañ lemel e dachennoù chase digant meuriad an Treid-Du. Lâret 'm eus!...

A Vrezelourien Treid-Du, un Dremm-Wenn yaouank zo da zont davedomp... Fellout a ra dezhañ, dre widre, laerezh hon tachennoù chase diganimp!... Ra vo leuniet hor c'halonoù a gasoni gant ar Manitou Meur ha ra vo kreñv hon divrec'h. Dizouaromp ar vouc'hal vrezel a-enep Dremm-Wenn e galon koiot!...

Evit an Dremm-Wenn-e-zaoulagad-kelc'hiet-a-skant en deus roet dimp keloù an dañjer, ra vo deuet-mat e-touez an Treid-Du. Ha ra vo skuilhet e vadelezh warnañ gant ar Manitou Meur!

Ha bremañ, dizouaromp ar vouc'hal vrezel.

Komzet mat en deus ar Sachem.

Korn kalumed!... Ne'm eus ket soñj ken pelec'h e oa bet douaret ar vouc'hal vrezel da vare ar peoc'h diwezhañ!...

Chaous!

Sell 'ta? setu Indianed!... Hama! Milou, ma n'oufen ket ez eo peoc'hiek ar C'hroc'henoù-Ruz en amzer hiziv e vefen evel ur pesk en ur bod-lann!...

Me'm eus aon, Tintin!...

Hama?... Hama?... Setu aze un doare iskis da zegemer an estrañjourien, avat!

A-benn ar fin eo aet kuit ar ouezidi-se! Ma Doue! nag em eus bet aon...

Milou, n'out ket bet jentil! Dilezet ec'h eus Tintin.

Sell aze kustumoù iskis, e gwirionez!

N'eo ket ur galon squaw a zo gant an Dremm-Wenn: sioul ha mousc'hoarzhus eo.

Gwelet e vo penaos e vo kont bremaik...

Krener-e-revr ac'hanout, Milou!... Piv 'oar? Marteze emañ Tintin en arvar...

A Zremm-Wenn, deuet out davet an Treid-Du leun da galon a widre hag a gasoni, evel bleiz ar pradoù, laosk e galon! Setu-te stag ouzh peul ar jahin bremañ avat. Ha poanioù hir a ray dit paeañ da daol ganas.

Petra emañ o kontañ aze?

Ha bremañ, ra bleustro ma brezelourien yaouank war an Dremm-Wenn-mañ, kalon goiot dezhañ. Ha gant ma raint dezhañ gouzañv hir amzer a-raok e gas da vro deñval an Anaon!

Feiz... n'emañ ket e benn gantañ!

Komzet mat en deus ar Sachem.

BAOÑ

Breur Bizon-Difrom en deus kredet skeiñ gant Goz-he-lagad-lemm! Marv da Lagad-Ejen, breur Bizon-Difrom!

Marv d'ar c'hoioted laosk hag a gred tagañ Lagad-Ejen abalamour m'edo o tifenn e vreur, Bizon-Difrom bet skoet ent-direizh gant Goz-he-lagad-lemm!

Mat eo... mat eo... En em gannit! E-keit-se e kavan ma zro evit distardañ ma ereoù...

Setu, dieub eo ma daouarn! Ma zreid, bremañ... Setu... Tec'homp...

Ha bremañ, klask gouzout gant piv eo bet iset meuriad an Treid-Du a-enep din... Ha ne vije ket gant ar forbann a glaskan tapout?

Tavet eo an huchadennoù hag ar youc'hadennoù. Moarvat eo echu ar bourevierezh. Emaon o vont da welet...

Kurun!... Ahont!... O tec'hout kuit emañ!... Ha badaouet en deus ar meuriad a-bezh!... Pebezh c'hwil!... N'hall ket bezañ!...

Setu!... Emaint war ma lerc'h!

PAW

PAW

!

Un tenn fuzuilh!... Gant ma ne vo c'hoarvezet netra fall gant Tintin!

Nann, n'eo ket an Indianed! Ma forbann an hini eo!... Sur e oan! Kompren a ran bremañ perak o devoa an Indianed droug ouzhin...

Aiou!... emañ ouzh ma bizañ adarre!

PAW

?

Kurun! pebezh lamm!... Tri c'hant metrad donder ez eus er ganienn-mañ da vihanañ!... A-boan ma weler an deun anezhi...

Buan!... Buan!... Ret eo saveteiñ Tintin.

Setu hag a zo graet. Ne zeuy ket mui ar beg-melen-se da deuler dour e-barzh ma laezh.

Ouzh petra emañ o sellet?... Siwazh, komprenet em eus... Ha kouezhet e vefe Tintin en islonk-se?...

Ha bremañ, distroomp da Chicago.

Waou!... Waou!... Waou!...

Sell 'ta piv!... ki Tintin eo!... Kasomp anezhañ da gaout e vestr.

PAN

Waaou!...

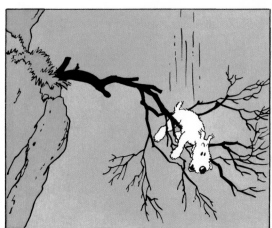

Hama, Milou? Evit doare ec'h eus heuliet ar memes hent ha me!...

Me ivez a zo kouezhet en islonk. Dre eurvad em eus gallet kregiñ er vrousgwezenn-se. Pleget he deus dindan ma fouez, diskennet eo ha disammet ac'hanon... Kouezhet on amañ, war ar savenn-mañ, e-lec'h mont da flastrañ e strad an islonk-se...

Hama! Brav eo bet dit, 'vat...

Saveteet omp evit ar mare hepken, rak ne welan tamm ebet penaos e c'hallimp biken en em dennañ ac'hann...

24

Petra emaout o ruflañ aze, Milou gaezh?... Ha kavet pefe un dra bennak?...

Sell 'ta! Setu hag a zo souezhus!... Evel pa vefe ur c'haridenn!... Ha ma klaskfemp mont ganti?...

Deomp e-barzh!...

Da belec'h emaomp o vont?

Diwall mat, Milou!... Chom war evezh!...

Pouez-krec'h zo ganti muioc'h-mui...

Da belec'h e vimp kaset?

Ur vougev vras, rikamanet gant tresadennoù indian...

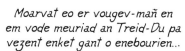

Moarvat eo er vougev-mañ en em vode meuriad an Treid-Du pa vezent enket gant o enebourien...

Ha setu an difourk all...

Pignat a ra bepred!... Da belec'h e vimp kaset gant ar c'haridenn-mañ?...

Ac'hanta! pouez-traoñ zo ganti, bremañ...

Ha pignat a ra adarre, a-daol-trumm...

A-benn ar fin on deuet a-benn da gaout an dizober diouzh an tamm kelaouaer daonet-se. Ha bremañ, a-raok mont en hent, debromp ur begad. Debrit mat, Tintin ger!...

Iskisat tra!... Moarvat ur grenadenn-douar!... Emañ an traoù o krenañ dindanon...

?

Doue! pegen pounner eo!...

Forzh ma buhez!
Tasmant Tintin!...

Sell 'ta! setu un degouezh 'vat!...
Evit gwir, ne seblant ket bezañ gwall
blijet ouzh ma gwelet!...

Ar vadelezh en deus bet ar
forbann-se da aozañ din ur goan
saourus... Anaoudek-bras on en
e geñver rak du on da vat gant
an naon...

Ha me zo ivez
avat!...

Sachem!... Sachem!... Un tasmant 'm
eus gwelet!... Tasmant an Dremm-Wenn
vihan!... Marv e oa, sur on!... Tizhet em
boa anezhañ gant ur boled ha kouezhet e
oa er ganienn... Ha bremañ emañ o paouez
difoupañ eus an douar!...

Petra?... O tont er-maez eus an
douar?... Neuze en deus kavet sekred
hor mougev!... A Zremm-Wenn,
diskouez an hent dimp. Poent eo kaout
fin gant ar c'hoiot bihan-se!

War-hed daou viltir ac'hann emañ!...

Dre ar Manitou
Meur! Kinklet e vo
ma wigwam gant e
bennkign!...

Un ene squaw en
deus an Dremm-
Wenn-e-zaoulagad-
kelc'hiet-a-
skant!...

Tec'het eo kuit, an hailhon anezhañ!

Hama! n'hoc'h
eus ken 'met
mont d'e heul!

War-raok! Ra zeuy ma brezelourien
yaouank ganin!

Alo!... Alo!... Hastit afo!...
Lâret e vefe, alato, hoc'h
eus aon da vont da-heul
ho mestr...

26

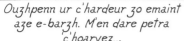

Ouzhpenn ur c'hardeur zo emaint aze e-barzh. M'en dare petra c'hoarvez...

Ac'hanta! a-benn ar fin, aze 'maoc'h!... Hama?...

Ar Wakondah Meur en deus roet an trec'h d'e vrezelourien! Trec'het eo an Dremm-Wenn vihan.

Hor Sachem an hini en deus stourmet outañ. Emañ ouzh e gas gantañ!...

Mat eo!...

Ur wech ouzhpenn eo bet dellezek Goz-he-lagad-lemm eus hec'h anv! Goude ur stourm kalet en deñvalijenn, ha gant skoazell ar Wakondah Meur, em eus gallet trec'hiñ an Dremm-Wenn. Tennet e vo er-maez eus an toull gant ma faotred yaouank!

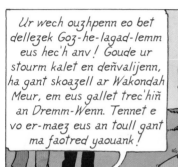

Setu-eñ!... Ne c'hallo biken ken noazout ouzhimp, ar c'hoiot lous-se!

Dre ar Manitou Meur! n'eo ket an Dremm-Wenn yaouank!

Korn kalumed! Faziet on!... Houad Raouliet an hini eo!...

Ur soñj zo deuet din!... Lezomp an Dremm-Wenn vihan aze: mervel a ray diwar an naon en e doull...

Grit evel ma karit, gant ma vo graet e stal dezhañ. Padet eo re bell an afer-se!...

En tu-mañ, ur pikol roc'h; en tu all, an islonk! Petra a c'hallfe ober?... Ne c'hall ket tremen hebiou an Ankoù...

Bez dinec'h, Milou gaezh. Ne chomimp ket da louediñ amañ. Krediñ a ra dezho bezañ hor bac'het, met en em dennañ a raimp. Gwelet a rez, goullonderiñ a ran ma c'hartouchennoù; berniañ a ran ar poultr-se. Ma, graet eo... Ha bremañ, lakaomp o roc'h da darzhañ.

Mat e vo an traoù, a soñj dit?...

Gortoz ac'hanon ur predig, Milou. Emaon o vont da lakaat ma min...

Gra diouzh na darzhfemp ket ni hon-unan dreist-holl!

Graet eo!... Diwall!... Emaout o vont da glevet ur vrav a darzhadenn!... Hag e sailho ar roc'h evel ur stouv champagn!... A-benn ur predig e vimp dieub!...

Siwazh! ne oa ket a-walc'h
a boultr!... Petra ober, bremañ?
N'eus ket pourvezioù ken ganin!...

Arsa! kalon Milou!... Ret eo kousto
pe gousto mont er-maez ac'hann.
Neuze, bec'h dezhi! Klaskomp
toullañ un difourk all!...

Me zo mat din 'vat...
Met mar kav dit e
vo graet dindan
pemp munut...

Mat eo... Mont a ra... Goustad, evel-just,
met mont a ra... Dont a raimp a-benn,
Milou, gwelet a ri... Arsa! ur striv bihan
c'hoazh... Sell 'ta? gleb eo an douar...

Gwir eo!... Hag
ur c'hwezh iskis
a zo ivez...

N'hon eus ket chañs !... Abalamour da gement-se en deus gallet ma forbann kemer hed e c'har. Penaos adkavout ar roud anezhañ, bremañ ?...

TCHOUK TCHOUK TCHOUK

Setu-ni evel saout, bremañ... O sellet ouzh an trenioù o tremen...

Kurun !... Me 'gav din en deus ma anavezet !...

Ac'hanta ! setu-eñ !...

Aotrou penn ar porzh-houarn, da bet eur e loc'ho an tren kentañ ?

An hini kentañ ?... Warc'hoazh, d'ar memes eur !...

Setu !... Diflipañ a ra ar fallakr a-dre ma daouarn adarre !... Nemet ha...

Arsa !... Ahont !... Sellit !...

Ma Doue ! ma mekanik o loc'hañ e-unan !...

Kenavo !... Kartennoù-post a gasimp deoc'h !...

Ho tigarez : ne ran nemet e amprestañ diganeoc'h...

You hou hou ! tostaat a reomp outañ !... Gwelet a ran moged an tren all pelloc'h !...

Alo ?... Block 152 ?... Bez' ez eus ur stlejerez foll war al linenn... ya... arabat dezhi adtapout an tren herrek... Heñchit-hi war an hent 7...

Mat eo, aotrou ! Kontit warnon.

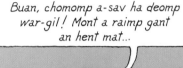

Pitiaoul ! poent e oa, evit gwir... Setu an tren herrek hag ar stlejerez dirollet war e lerc'h...

Chaous, chaous ha chaous !... Heñchet omp bet war un hent all...

Buan, chomomp a-sav ha deomp war-gil ! Mont a raimp gant an hent mat...

Mallozh ! torret eo lanker ar starderez ! Kompren a ran, bremañ ! War ratreañ edo ar mekanik-mañ !...

POSTE 16

N'eus nemet un doare, paotr kozh, evit diac'hubiñ an hent-mañ : an dinamit. Amzer hon eus, e gwirionez : ne dremeno tren ebet a-raok warc'hoazh vintin...

Mod pe vod, Slim gozh, ez eo ur gwir chañs hor befe kavet an tamm roc'h-mañ war an hent. Ha gwelet a rez tren herrek warc'hoazh vintin o vont a-benn ennañ ?... Nag a reuz !...

Slim!... Ur stlejerez!... Buan! laka an tan war ar boulc'henn pe emañ o vont da flastrañ ouzh ar roc'h...

Ur spont! kollet omp!... Ur mell pikol roc'h a zo war an hent.

SCHHH

BAOÑ

Hama! Hennezh en deus bet chañs 'vat!... Dres e koulz en deus tarzhet an dinamit! Div eilenn diwezhatoc'h hag e oa flastret penn-da-benn da vat...

Ma Doue, Bill!... Ar vagonig gant hon ostilhoù hag ar peurrest eus an dinamit!... Chomet eo war an hent, pemp kant metr ac'hann!... Reuz a vo!...

Hama! Milou gaezh, se zo chañs, 'vat...

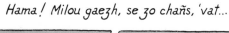

DINAMIT — DINAMIT

BAOÑ

Spontus eo !... Spontus eo !...

Pebezh reuz !... Pebezh reuz !... N'eus ken nemet bruzun diouto bremañ moarvat !...

Hello, Bill !... N'eus mui nemet se anezho... Skrijus eo !...

Spontus !...

Euzhus !...

HELLO

HELLO ? ?

Hello !

Pelec'h 'mañ ma c'hi ?

Ho ki ? N'ouzon ket, old boy. N'eus bet adkavet netra ebet ganimp.

Digarez, aotrou, gallout a rafec'h lâret din pelec'h emañ ma c'harr ?...

Atoe, klaskomp !... Ne c'hall ket Milou bezañ steuziet e-giz-se...

Koulskoude em eus sellet e pep lec'h.

Arsa ! aze 'oas, Milou gaezh ! Gouzout a ouien a-walc'h e teufen a-benn da'z adkavout, kamalad kozh !

Ac'hanta, Tintin, mar kav dit ez eo ur blijadur chom dindan an tamm kloc'h fourmaj-se...

Petra ?... Aet oc'h ?... N'hallit ket mont kuit evel-se, alato...

Eo, ret eo din mont kuit diouzhtu. Emaon war-lerc'h un outlaw dañjerus...

Ha bremañ, war-raok! A-drugarez d'ar pourzezioù boued a zo bet roet din gant an dud kaezh-se e c'hallan sankañ dizaon en dezerzh.

80 miltir alese, en ur gêr vihan...

Ya, n'ouzon ket hiroc'h... Ar mintin-mañ, pa'z on erruet en ti-bank, evel boaz, em eus kavet ar rener er stad-se, ha digor-frank ar c'houfr-houarnet... Roet em eus galv. Kerkent ez eus bet krouget seizh morian, met tec'het e oa an hini kablus kuit...

Ur wech graet e daol gantañ eo lammet dre ar prenestr. Sell, aze, ar roudoù-mañ. Dibar int: n'eus nemet ur renkennad tachoù dindan ar votez dehoù...

A-drugarez d'ar roudoù-se e vo adtapet buan ganimp...

Madre de Dios!... Gwalldapet e vin abalamour d'ar roudoù daonet-se...

!

Caramba! oun den!... Ma wel ac'hanoun eo graet ac'hanoun...Sell 'ta! O kousket emañ!... Hama! Dre ma le, me 'gav din ez eus deuet our soñj kaer din...

Ma fiñv, ma tihoun, gwazh a se evitañ!...

Setu hag a zo graet!... Bremañ em bo peoc'h!...

34

Aaaa!... Ac'hanta! echu kousket! Yao en hent, Milou. Poent eo mont adarre...

Sell 'ta! iskisat tra! N'eo ket ma heuzoù eo... Ar re-mañ a zo tachet ha kentroù warno. Biskoazh kemend-all!...

Biskoazh souezhusoc'h...

Sell ar roudoù, aze... Evel p'en dije klasket luziañ anezho... Ne vimp ket touellet avat!... Dizale e vo adtapet ganimp...

Biskoazh c'hoazh...

Arsav!

En anv al lezenn, ho herzel a ran!

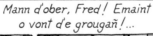

Feiz, perak? N'houllan ket!...

Arsa! n'houllez ket? Ha Bank ar C'hornôg, hañ?... Hag e Rener?... Hag an arc'hant?...

E kêr e vimp en abardaez...

Setu-int!... Setu-int!... Emaint o paouez erruout hag an torfedour ganto!

Krougomp anezhañ!

Mann d'ober, Fred! Emaint o vont d'e grougañ!...

35

Yao d'al laez!

C'hoarzhit! C'hoarzhit! An dra-se a c'hall c'hoarvezout gant an holl, kea?...

E-keit-se...

SHERIFF

Setu darvoudoù devezh dec'h, hervez ar c'helenner W.R. Law, Rener ofis ar stadegoù: 24 bank o deus serret o dorioù: 24 bankour a zo bet harzet. Skrapet ez eus bet 35 babig...

44 morian a zo bet krouget. 150 gallonad dour Javel champagnekaet a zo bet kavet gant ar polis: ar c'horoner ha 29 foliser a zo en ospital...

Emaomp o paouez klevet eo bet harzet Pedro Ramona, ar forbann hollvrudet, dres d'ar mare m'edo o klask treuziñ harzoù ar vro. Anzavet en deus eo gantañ e oa bet graet al laeroñsi e Bank ar C'hornôg...

By Jove!... Hag egile neuze?... An hini emeur o krougañ?... Digablus eo enta?... Gant ma...

Ret-holl eo e saveteiñ!... Ne vo ket lavaret en do ar Sheriff lezet...

Buan, ur banne c'hoazh: an hini diwezhañ... en do ar Sheriff lezet krougañ un den digablus... Seul vui ma n'eus nemedon amañ hag a oar n'eo ket kablus...

Redomp!... Ac'hanta, un drugar eo ar wiski-se... Ma! Ur banne diwezhañ...

C'hoazh ur banneig bihan: evit reiñ nerzh din...

Deomp da lakaat harz... d'ar... eee... d'ar grougadenn...

Ret din erruout e koulz evit... hik... lakaat harz da zigablusted un den krouget... hik... N'eo ket se... da grouga-digablus... Pegen farsus eo!... Ma ne lârfen netra... e vefe... hik... krouget! A! a! a! a! pegen farsus... hik...

Ha me a lâr... hik... an hini kablus a zo digablus!... Ar radio... hik... eo... eee... Ar wiskiki eo... hag a zo... kablus...

VOLSTEAD ACT
PIV BENNAK A VO
GWELET MEZV-MAT
....
....
....TOULL-BAC'H.............
.... TELL-GASTIZ
....
LAMET ... .
AR BRASAÑ STRIZHDER
Ar Sheriff

RRRRR   RRRRR

Ac'hanta, prest oc'h?...

Ar wech-mañ, paotr, ne dremeni ket hebiou! Emañ ma brud en arvar ha...

C'hwitet adarre!!

Pegen dizampart!...

Emaon o vont d'e grougañ ma-unan!...

Ne ri ket, 'vat!... Me an hini a zo 'vont d'ober war e dro! Gwelet a reot!

Lezit-me da ober!

Me an hini en krougo!

'Ri ket 'vat, me eo!

Me a ray!

Aner eo klask displegañ dezho ez on digablus! Klaskomp kentoc'h sachañ hor skasoù alemañ! Hag a-dizh...

Aiou! Setu!... Merzet o deus e oan tec'het. Emaint war ma lerc'h!...

Jimmy eo a zo aet da gentañ, evel-just, gant e vustang hollvrudet. Gwelet a ri, eñ a lakay e grabanoù warnañ, ar paotr chañsus anezhañ...

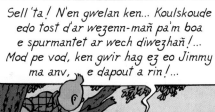

Sell 'ta! N'en gwelan ken... Koulskoude edo tost d'ar wezenn-mañ pa'm boa e spurmantet ar wech diwezhañ!... Mod pe vod, ken gwir hag ez eo Jimmy ma anv, e dapout a rin!...

N'en deus ket bet amzer da lavaret ba, an aotrou!

Saveteet!... Paouezet int da vont war hol lerc'h!...

Setu an noz o serriñ. Emaomp o vont da gampiñ amañ, Milou gaezh, ha warc'hoazh ez adkemerimp penn hon hent.

Ur puma!...

Hag un demm!... Abaoe peur ez a an demmed war-lerc'h ar pumaed?...

Feiz... petra a c'hoarvez 'ta?...

Krog an tan er bradenn!...

N'eus ket un eilenn da goll!... Tec'homp!...

Diaoul!... Emañ an tan warnomp...

Tizhet!...

Hama! Milou gaezh, poent e oa!...

Fou...

Hama! Tintin gaezh, ret eo anzav hon eus bet chañs!...

Me 'soñj din e kavimp an hent-houarn dizale...

Gwelet a rez? Aze 'mañ!... N'eus ken heuliañ an hent-mañ, bremañ, betek ar gar gentañ.

Emaomp o vont da c'hoari an tren adarre, kea?

Kerkent hag erru e klaskimp dispenn roudoù hon enebour.

Tchouk!...
Tchouk!...

Ne vo ket aes, moarvat, met feiz! gwelet e vo!...

Sell 'ta! un treust war an hent!... Ha dres en ur pleg-hent!... Ur gwalldaol, hep mar!

Anat eo, unan en deus c'hoant da lakaat an tren da ziroudennañ!...

Ar roudoù-mañ am eus bet muset c'hoazh...

Iskis... Ne welan den ebet...

Ac'hanta! Sell 'ta piv!... Bravat souezhadenn!... Hor mignon Tintin an hini eo!... Setu-ni asambles adarre!... Sur on edoc'h war ma lerc'h, n'eo ket gwir?

KLOC'H
GALV

Petra 'c'hoarvez?...
Sachet ez eus bet war
ar c'hloc'h galv!

Ya, aotrou gward, me eo!... N'haller ket
degemer an dra-se!... Emaon o paouez
gwelet ur puma o tagañ un demm. Ezel
on-me eus Kevredigezh Gwareziñ al Loened,
aotrou gward, ha goulenn a ran groñs e vefe
roet un termen d'ar vezh-se!

Petra?... Hag abalamour
da se hoc'h eus harpet
an tren?... Tell-gastiz
50 dollar!

TRRRIT

Klev 'ta! ur c'hwitelladenn!...
Ac'hanta! n'on ket
marv enta?...

HELLO!

?

Hama! petra
zo c'hoazh?... Eus
pelec'h e teu an
huchadenn-se?...

?

Ac'hanta! c'hwi hoc'h
eus chañs, 'vat!

Evit gwir, panevet an ehan dic'hortoz-se e oa
gwall deñval an dazont evidon!... Trugarez!

Antronoz...

Arsa! petra a lavar ar c'hazeten-
noù?... D'an eur-mañ moarvat e
tle bezañ bet kavet korf ar pipi
yaouank-se...

SAVETEET DRE VURZHUD

UR C'HELAOUAER YAOUANK
A DREMEN HEBIOU UR MARV SKRIJUS
(gant hon dileuriad a-ratozh)

Kurun!...
Pep tra da
adober!...

(41)

Bobby Smiles a stago ur penn outañ 'vat pa'm gwelo o tont war wel dirazañ!

Ac'hanta! Meneziek e teu ar vro da vezañ...

Fresk-mat eo ar roudoù c'hoazh, Tintin.

Ul loch, en nec'h!... Ha kavet em befe?... Setu un toull dibabet mat, evit gwir: ur gwir neizh erer!...

Ret e vo dimp krapat d'an nec'h?

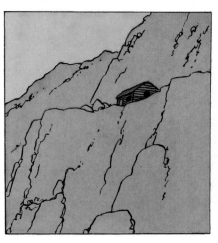

A! a! aze 'mañ!... Adkavet ma roudoù gantañ, enta!... Hama! gwell a se!

Alpaerezh n'hor boa ket graet c'hoazh. Servijet omp, Milou!...

Te 'oar, Tintin, sport a-walc'h eo kement-se...

Diwallit! Emañ tost erru... Ma mignon ker, c'hoarzh a vo ken e vo...

Aze! mat eo!... Ha bremañ, Tintin, biken ken ne vo klevet anv ac'hanout...

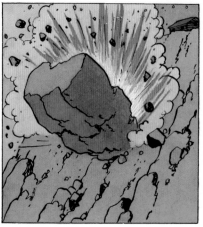

BAON

Bastik! lakaet en deus ur pennad menez da darzhañ, al loen lous anezhañ! Echu eo ganimp, Milou!...

42

Un tamm amplik on aet ganti, evel-just, met, kurun, deuet on a-benn eus ma zaol!...

Tintin ger, ma mignon, yec'hed mat dit!...

Yec'hed mat deoc'h!...

Un tasmant!...

Un tasmant, emañ ar gwir ganeoc'h. Mar ne'm bije ket kavet goudor en un toull er roc'h...

...ne vijen ket mui er bed-mañ!...

Hama! deuet eo da dro, pelloc'h!...

PAW

Ha petra 'soñjit eus se, aotrou Smiles?

Kredit-me, gwelloc'h eo deoc'h kodianañ! Gwelet hoc'h eus, morse ne lakaan hebiou ar pal.

Ma fiñvez, diwall da'z lêr!

Tri deiz war-lerc'h, e Chicago...

Alo?... Ya... Amañ eo rener ar polis, ya... Nann, keloù ebet eus Tintin atav... Roud ebet anezhañ abaoe daou viz?... N'eo ket sin vat, evit gwir!... ya...

Deuit tre!...

DAO DAO DAO

PRIVATE

Aotrou rener ar polis?... Ur pakad hon eus evidoc'h. Gwall bounner eo, ouzhpenn-se.

Petra eo an dra-se?...

LEIN
HEDORR
TRAOÑ

LEIN
HEDORR
TRAOÑ

Alo, an ajañs Pressa?... Amañ rener ar polis. Gallout a rit reiñ da c'houzout eo bet tapet Bob Smiles, ar gangster hollvrudet, goude meur a sizhun a dec'h, gant ar c'helaouaer Tintin. Emañ Bobby Smiles o paouez bezañ kaset   din dre bakad post. Ya,   dre bakad post, gallout   a rit e reiñ da c'houzout...

Antronoz...

Chom fur amañ, Milou gaezh. Amzer din mont da di rener ar polis hag e vin distro.

Ken bremaik.

Rener ar World's Music-Hall on-me, aotrou Tintin. Hoc'h enfredañ a ran evit ur gopr a 1.000 dollar ar sizhun. Setu ur chekenn   5.000 dollar, evit ho frejoù kentañ.

Aotrou Tintin, karget on bet gant ar General Broadcasting da reiñ 2.000 dollar deoc'h bep sizhun evit komz er   skingomz.

5.000 dollar bep sizhun!

Karget on gant ar Paramoule d'ho koprañ evit c'hoari en ur film troioù-kaer!

10.000 dollar evit reiñ ar gwir dimp da implijout skeudenn Milou war hor boestadoù gwispid evit ar chas, gant al lugan : Talañ 'ran ouzh an holl zañjerioù, trugarez d'ar gwispid "Milou"!...

Aotrou Tintin! Aotrou Tintin! Selaouit ac'hanon! Lezit-me da c'hounit ac'hanoc'h d'ar relijion nevez yuzev-boudaek-islamek-amerikan hag a zo he gounidoù ar re vrasañ in the world.

?

Ne vo daskoret ho ki deoc'h nemet en eskemm d'un daspren 50.000 dollar. Mar asantit, lakait ur mouchouer gwenn ouzh ho prenestr. Mar nac'hit, biken ne adwelot ho kozh ki...

Alo?... Alo?... Degemer al leti?... Amañ, Tintin!... Ya... Emeur o paouez skrapañ Milou, ma c'hi!... Na lezit den ebet da vont er-maez... Petra?... Un enseller!... Ma...

Petra ober? Petra ober?... Chom hep asantiñ eo kondaoniñ Milou d'ar marv! Diouzh an tu all, plegañ dirak ar gourdrouzoù, biken!... Neuze?... Petra ober, ma Doue! petra ober?...

DAO
DAO
DAO
DAO

Deuit tre!...

C'hwi eo Tintin?... Well!... Laeret eo bet ho ki diganeoc'h. Daspren. Etre daou soñj emaoc'h. Hañ? N'eo ket gwir?... Ma, anat deoc'h ne c'haller kuzhat netra ouzhin... Ma anv: Mike Mac Adam, enseller al leti.

Plijet-kaer!...

Lezit-me da ober un enklask...

Setu!... O kousket edo ho ki. Unan bennak a zo deuet tre, en deus kloroformet anezhañ hag e lakaet e-barzh ur sac'h. Tri bloaz ha tregont ha c'hwec'h sizhun eo ar skraper. Komz a ra saozneg gant ur pouez-mouezh eskimo. Butunat a ra sigaretennoù Paper Dollar. Gwiskañ a ra dilhad-dindan flanella ha stag-loeroù a-liv ganto. Aes eo e anavezout gant an tatoua-dur a zo war e skoaz kleiz!

Kammañ a ra gant e droad dehoù, el lec'h ma oa en em c'hloazet o troc'hañ ur galedenn, derc'hent-dec'h. Ac'hanta! ur munud c'hoazh: diroc'hal a ra pa vez o kousket!... Pa'm bo lavaret deoc'h e voe pennkignet e dad-kozh gant Indianed, daou-ugent vloaz zo, hag en deus erez vras hol labous ouzh an neizhioù gwennlied chaous tartar, e ouezot kement ha me diwar e benn goude   un arsell prim...

A-benn un eurvezh e vin distro... Gant ho ki, anat deoc'h!...

Pegen barrek evit divinout an traoù!... Ha pegen asur!... Ur gwir Sherlock Holmes!... Feiz, me 'soñje din ne oa nemet er romantoù e veze kavet ensellerien a seurt-se.

Un eurvezh war-lerc'h...

Deuit tre!

Hello! setu ho ki!

Kozh den!... C'hwi an hini ho poa laeret Mirza diganin!...

Pitiaoul! Dizamant eo aet ganti, ar vaouez vat!...

Ar vaouez vat?... Peseurt maouez vat?... An hini en deus taget ac'hanon en deus skoet ganin gant un taol penn-bazh javanek. Ur paotr eo, yaouank c'hoazh, hag a vank daou gildant dezhañ. En e dreid ez eus botoù-lêr kaoutchoug o solioù ha lenn a ra ar Saturday Evening Post...

Ha sur oc'h?...

Peursur!... Ar wech-mañ, ne c'hallo ket achap. A-benn un eurvezh e vo daskoret ho ki deoc'h!...

Unan eus bravañ en-klaskoù ma buhez!... Ho ki ho poa kollet?... Ur c'hi?... Ur c'hi hepken?...

Hama, setu! Seitek a gasan-me deoc'h!... Hag an holl a ouenn vat!...

?

Mat-tre eo. Ho trugarekaat. Met kollet hon eus a-walc'h a amzer c'hoazh. Gwelloc'h ganin kendelc'her gant an enklask ma-unan!

Chicago-Tribune!... New-York Herald!... New-Yorker!

Sell 'ta! emañ ar mouchouer gwenn ouzh ar prenestr!... Dimp-ni an daspren!...

Roit din ar Chicago-Tribune, an New-Yorker, an New-York Herald ha Dazont ar Massa- chussets...

Netra c'hoazh war ar c'hazetennoù!... Mat eo: n'en deus ket kelaouet ar polis enta!...

D'AR C'HANGSTERIEN UNANET

STRILHEREZH KUZH

BY APPOINTMENT TO PRESIDENCE of U.S.A.

Neuze, mat eo. Ken fenoz...

Ken fenoz !

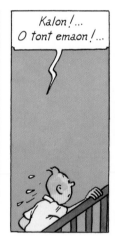

Amañ eo, moarvat, emañ bac'het ma faourkaezh Milou. Penaos gouzout, avat, pelec'h emañ dres ?...

WAOU WAOU WAOU WAAAAAAOU

Mouezh Milou eo ! Aze, en eizhvet estaj !... Emaint ouzh e voureviañ a-benn ma huchfe evel-se !...

Kalon !... O tont emaon !...

WAAAAAAAOU !

??? ?

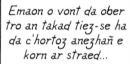

C'hwi, ahont, an hini bihan !...
Ya, c'hwi !... Deuit ganin...

Setu amañ al lañfre
yaouank, aotrou.

Hoc'h anv ?

Tintin,
kelaouaer...

Mantret on, aotrou Tintin, mantret evit bezañ
ho talc'het ken pell...

Gant ar walldro-se em eus kollet roud
skraper Milou. Mont a rin d'al lec'h
ma'm eus kollet ar gwel anezhañ, ha
klask a rin adkavout e roud !...

Amañ eo em boa
badaouet, dre fazi, ar
paourkaezh poliser-se.
Kendalc'homp: me 'gav
din emaomp war
an hent mat...

Digarezit, policeman, ha n'ho pefe ket
gwelet un den, ur gasketenn war e benn
hag ur pakad bras dindan e vrec'h?
Moarvat eo treme-net dre amañ
war-dro un eurvezh zo.

Ya, e welet em eus. Tremenet eo
dre amañ. Hag e korn ar straed,
ahont, eo pignet en ur c'harr-tan
ruz hag a seblante bezañ ouzh e
c'hortoz hag a zo aet kuit etrezek
Silvermount.

?

ILVER MOUN
15 MILES

BOUED-MIR
«AR MARC'HEG»

WRIGLEY

COCA
COLA

Ar c'harr-tan ruz !... Emañ o paouez
tremen kael ar park...

Iskis eo...

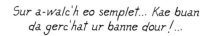

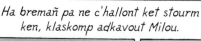

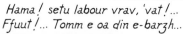

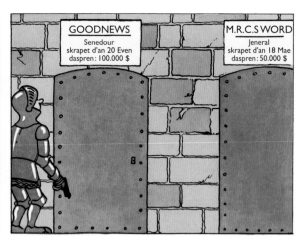

GOODNEWS	M.R.C.SWORD
Senedour	Jeneral
skrapet d'an 20 Even	skrapet d'an 18 Mae
daspren: 100.000 $	daspren: 50.000 $

!

MILOU
Ki
skrapet d'ar 25 Even
daspren: 50.000 $

Milou!...
Milou!...

Waou!
Waou!

Me eo, Milou!... Gortoz un tammig c'hoazh! Emaon o vont da gerc'hat alc'hwez da doull-bac'h.

Petra zo c'hoarvezet?... Pounner eo ma fenn!... Koulskoude ne'm boa evet nemet ur banne wiski... M'en dare...

Arsa! chomit sioul, mar plij!...

Amañ emaon, Milou gaezh!... Gwelet a rez ne oas ket dilezet gant Tintin.

Milou!... Ma faourkaezh Milou!...

Ha me hag a grede ganin ne welfen ac hanout biken ken...

D'AN DUD
SKRAPET

Mik!... Trouz a glevan!... Unan eus ar forbanned, en nec'h, en deus roet ar galv, hep mar. Ur c'hwitelladenn... Chomomp war evezh...

Ur gwiskamant iskis a zo en-dro dit, Tintin...

Er c'hastell emañ... Dek munut a roan deoc'h evit degas anezhañ din amañ, ereet treid ha daouarn... Arsa, chou! kit dezhi!...

Un dousennad anezho, da vihanañ, a zo war hol lerc'h!... Klevet a ran trouz o zreid pelloc'h...

Ne blijfe ket din kouezhañ adarre etre o c'hrabanoù...

TOUR-MEUR   TOULL-DIS

Arabat eo dit fazïañ war an nor, dreist-holl, neketa Tintin!...

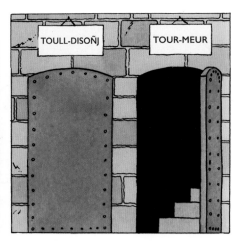

TOULL-DISOÑJ   TOUR-MEUR

Aet eo kuit dre aze... Sell, digor eo chomet an nor..

Ar genaoueg!... Aet eo da glask repu en tour-meur. Tapet e vo evel ur razh...

Mik! Trouz ebet!...

Mat! Tremenet int holl. Bremañ emaint din...

Hama, Milou, petra 'soñjez eus se?... Hini ebet anezho n'en doa merzet e oa bet cheñchet plas d'ar panelloù!... Ha setu-int en toulloù-disoñj!...

Se zo labour vrav, 'vat!

Ha bremañ p'emañ bac'het ar re-mañ, deomp da bakañ an tri all...

Un hantereurvezh!... Un hantereurvezh zo ez int aet kuit a-benn bremañ, mil gurun! ha ne glevan mui netra... Feiz 'vat, biskoazh kemend-all!

Ho taouarn er vann!

Petra? Eñ?... Ha ma femzek gward-korf, petra a zo bet graet ganto?... Bezet a vezo, bremañ eo arabat din bezañ tapet...

O!

C'ha! C'ha! Digarezit, poent eo din mont!...

C'ha! c'ha! c'ha! Evitañ da vezañ kelaouaer, ne soñje ket din e vije bet ken diot-se!... Plijet e vo ar patrom ken e vo!...

Alo? Selaou a ran... Alo?... Ya... Tom?... Graet eo?... Arsa! mat-tre!... Eus ar c'hentañ!... E corned beef?... Un den dreist a zo ac'hanout!... Petra?... 5.000 dollar?... Mat eo, bez 'po anezho...

Ma oufe al labouradegoù Slift diwar peseurt boued e vez savet o boestadoù-mir, alato...

Hama, petra emaoc'h oc'h ober aze, paotred?... Netra n'hoc'h eus da ober?... Ha piv en deus roet aotre deoc'h da baouez ar mekanikoù?... Petra c'hoarvez amañ?...

Petra c'hoarvez?... Harz-labour 'zo!... Divizet ez eus bet gant ar Renerezh izelaat priz ar chas, ar c'hizhier hag ar razhed gwerzhet ganimp hag a vez implijet da aozañ fourmaj-kig gad. Feiz, kompren a rit...

Ha Tintin, enta?... Ma Doue!... gant ma ne vo ket bet kroget gant ar harz-labour-se re abred! Petra a lârfe ar patrom?...

Meuleudi da Zoue! Dic'hloaz omp!... Ma ne vije ket bet harpet ar mekanik-se diouzhtu e vijemp deuet er-maez alese e stumm corned beef!...

Hag alies e c'hoarvez gwallzarvoudoù evel-se?...

Atoe! ma Doue! pegen plijet on ouzh ho kavout yac'h ha dibistig!... Lakaet em eus harpañ diouzhtu an holl vekanikoù, met tremenet em eus... ur pennad enkrezus...

...ha bezit sur, aotrou ker, ez on mantret gant ar gwallzarvoud-se hag a ro deoc'h, ouzhpenn ar from, ur sell gwall fall war hol labouradegoù.

Ar c'hontrol eo, bamet on...

Gwall iskis eo kement-mañ din-me... Ar bedadenn-se, an den-se ken hegarat, hag ar gwallzarvoud iskis-se...

Ya, hag ivez, ur penn fall a oa outañ, an aotrou-se.

Alo!... Alo!... Ya, me eo, patrom... Me... pep tra a zo da adober!... Keit ha m'edon o pellgomz deoc'h ez eus kroget un harz-labour hag ehanet an holl vekanikoù!... Ya, siwazh! yac'h ha dibistig!... Petra... Petra 'fell deoc'h?... Me...

Ur genaoueg n'oc'h ken!... Pa vez tro evel-se eo arabat tremen hebiou... Mat eo! Gouzout a ran hiviziken ne c'hallan ket kaout fiziañs ennoc'h... Trawalc'h... Evit ho 5.000 dollar, anat deoc'h, n'eus ket anv anezho ken...

Alo... Memes tra, patrom, na droc'hit ket!... Me... Alo?... Alo?... Alo?... Chaous! advarc'het en deus!...

Klev 'ta! Graet em eus mat dont war ma c'hiz. Traoù gwall zedennus a vez klevet amañ!

Petra 'nevez, Tintin?

Setu-me e droukrañs!...

Alo!... Alo! ya... Te adarre?... Petra zo c'hoazh?... Ac'hanta?... A! A!... Mat!... Mat-tre!... Gwell a se! Burzhudus eo!... Erru on du-se a-benn pemp munutenn... ken emberr...

An aotrou Tom Hawake, me ho ped.

Emañ an aotrou Tom Hawake ouzh ho kortoz, Aotrou.

SLIFT & CO.

Demat deoc'h, mignon ker...

Petra?... Ur farsadenn eo?... Lâret a rez din ne'c'h eus ket pellgomzet?... Ha goap a rafes ouzhin marteze?... Hañ?... Respont!...

Pitiaoul! Trouz a zo aze e-barzh! Efedus eo bet da bellgomzadenn...

Setu! An dra-se evit deskiñ dit ober goap ouzhin, genaoueg!

Ur fazi e oa deoc'h lezel ho pistolenn aze, aotrou ker...

?

Ur fazi?... a gav deoc'h?... N'eo ket kement-se: n'eo ket karget ar browning-mañ!

Setu avat un arm kalz gwelloc'h: ma bazh-kleze feal...

...emaon o vont da implijout evit ho pareañ, ur wech da vat, diouzh an tech fall hoc'h eus da fourrañ ho fri er pezh na sell ket ouzhoc'h...

TIK

Kalz re lemm eo, evit gwir!

⑤⑤

CHAOUS!

Emaon o vont da'z tachañ ouzh al leur, lorgnez!

Arsa! koustañ a ray ker da'z lêr, kozh hailhon! Ez an da'z treiñ e loa-sil!

Emaon o vont da'z troc'hañ dre an hanter!...

Ober a rafe evit gwir!

Forzh ma buhez!

Fidamdoustik! setu-me paotr brav, 'vat...

BANG

Ma Doue! petra 'c'hoarvez?... Feiz, mat 'm eus graet mont er goudor!...

WAAAAAAOU! WAAAAOU!

?

WAAAAAOU!

Paourkaezh Milou!...

Na rez ket bil, n'eo ket grevus. Pare e vi dizale... Ha pa rankfed troc'hañ da lost dit, ne vefe ket kalz tra, pa soñjer, n'eo ket gwir?...

Ac'hanta! a gav dit? Spontus e vefe, 'vat! Koll a rafen ma holl gened!

LABOURADEGOÙ SLIFT

Ha bremañ p'eo bet tapet ar vandennad a-bezh hon eus gounezet ar gwir da ziskuizhañ!

KOLLET KAZH DU
GOPR UHEL

KOLLET GRIFON MIRZA DEGAS

KOLLET KI MÊSAER

KOLLET KAZH ANGORLOUET
LOUET

56

Ya, aotrounez...

...deuet eo an traoù da vezañ tenn evit hor micher. Dindan ur mizvezh bennak eo bet tennet o frankiz digant daou eus hor renerien e-touez ar re vrudetañ, ha digant o gwellañ kenlabourerien, abalamour m'o doa kredet tagañ anezhañ. Aotrounez, an dra-se n'hall ket padout ken. Dizale e vo kement a riskloù oc'h ober hor micher hag a vez pa vezer keodedour mat! En anv Poellgor Kreiz Skoazell ha Sikour d'ar C'hangsterien Ezhommek, e savan a-enep ar saviad-se. Goulenn a ran ganeoc'h paouez gant ho rendaeloù personel ha bezañ a-unvan a-enep an torr-penn-se: Tintin e anv, ar c'helaouer! Bezomp unanet enta a-enep an enebour-se ha touomp ne ziskuizhimp ket a-raok d'ar c'helaouaer daonet-se bezañ dindan meur a droatad douar... pe dindan dour!... Lâret 'm eus!

You! You! You!

Komz brav en deus graet!

Yes, brav-tre!

...Ha sevel a ran ma gwerenn en enor d'an haroz yaouank hag uvel-mañ, kelaouaer dizaon ha direbech, hag a zo deuet a-benn, dre un doare her ha sioul, da silañ aon e berr amzer e gwad ar c'hangsterien...

N'eo ket gwall farsus ar predoù ofisiel-se, 'lâran dit..

Bezit asur, itronezed hag aotronez, ne c'hallin ket ankounac'haat ar prantadig berr-mañ bet tremenet ganin en Amerika. Hag a-greiz kalon e lavaran deoc'h....

Setu... hik...
Me am... hik...
eus an... hik...

TREDAN

Sikour!... Forzh ma buhez!...

Waou! Waou!

Ma Doue! ma Doue! Petra 'c'hoarvez?...

Chomit sioul!... Chomit sioul!...

Peoc'h!... N'eo nemet ur c'hwitadenn dredan, hep mar ebet...

Ahont, Sir, sellit!... Troc'het eo bet an tredan!...

Biskoazh kemend-all! Aotrounez, steuziet eo Tintin!...

Gant ar vezh!...

Alo?... Alo?... Ar polis?... Skrapet eo bet Tintin! Kasit dimp diouzhtu ho kwellañ enklasker...

Ho trugarekaat a ran da vezañ respontet ken buan d'hor galv... Setu ar pezh a zo c'hoarvezet. Hor c'houviad, Tintin...

Trawalc'h! anavezet em eus e gi pelloc'h...

Mar degasit anezhañ en-dro yac'h ha dibistig ho po c'hoazh 5.000 a dollar.

A-benn un eurvezh, a-drugarez d'e gi, em bo dieubet Tintin ha harzet ar re gablus.

N'on ket gwall dinec'h gant an deñvalijenn-mañ, alato... M'en dare ha...

...Arsa! a-walc'h gant se, kurun! N'eo ket deuet ar mare da...

Iskisat c'hwezh!...

Sell 'ta piv !...
Biskoazh kemend-all !...

Salud dit, Milou gaezh !
Anzav dit a rankan ne oan ket o c'hedal da welet mui...

Tintin ger...

Diwall ! Unan bennak o tont...

C'ha ! c'ha ! c'ha !... Hello ! penaos emañ kont ganeoc'h, aotrou Tintin ?

Ac'hanta, Sam, ha sevenet eo bet ma urzhioù ?...

Ya, patrom, aze 'mañ an halterioù...

Mignon ker, setu halterioù brav hag a vo staget start ouzh ho treid !... Anat deoc'h, ne vo ket aes bale o stlejañ an dra-se war ho lerc'h ! C'ha ! c'ha ! c'ha ! N'eus ket anv da vale, avat, c'ha ! c'ha ! c'ha !...

Nann, nann, anv zo da neuial !... Ya ! C'ha ! c'ha ! c'ha !... Farsus-tre, neketa !... Gwelet a rit an trap-mañ ?... Dindanañ emañ al lenn Michigan... Kompren a rit ?... C'ha ! cha ! c'ha !... Daouzek metrad donder a zo aze !... Ha gwelet e vo ha gouest e viot da chom war-c'horre !... C'hwi... hag hoc'h halterioù, evel-just !...

Evit ho kozh ki, ez ay ganeoc'h. Marteze e c'hallo reiñ sikour deoc'h... C'ha ! c'ha ! c'ha !...

Kenavo, Milou !...

Ne lezin ket ac'hanout, Tintin !

Beaj vat deoc'h !...

PLAOUF

Echuit evel-se ma lizher da izili hor c'hevredigezh: asuriñ a reomp ez eo bet taolet el lenn Michigan, dirak hon daoulagad, ar c'helaouaer Tintin, pouezioù kant kilo ouzh e dreid. Setu. Lakait tennañ 10.000 skouerenn !...

Arsa!... hoc'h anavezout a ran!... Tintin oc'h-c'hwi, neketa?... Hama! mignon ker, n'hoc'h eus ket chañs rak, daoust m'emañ liv ar polis war ar vag-mañ, ez omp-ni ezel eus an hevelep bandennad hag he deus ho taolet en dour!...

!

?!

Buan, Tintin, buan!... Hast afo...

Un eilenn, Milou, hag e vin ganit!

Diwallomp! setu ar re all o tont...

Ra zeuint 'ta!... O gortoz a ran hep krenañ!...

Eu

Ac'hanta, c'hwi, sturier!... Petra eo ar gwellañ ganeoc'h? Hor c'has d'an ti-polis tostañ... pe ober anaoudegezh gant an dra-mañ?...

?!

...Ha dreist-holl, na glaskit ket c'hoari un dro divalav din... War evezh emaon!...

Pebezh gwaz!...

Un darvoud dic'hortoz a zo o paouez c'hoarvezout en afer Tintin. Ar c'helaouaer yaouank, hollvrudet ha bourrus, hag a oa aet diwar wel en un doare iskis, un devezh bennak zo, tra m'edo o kemer perzh en ur friko aozet en e enor, a zo o paouez dont en-dro war wel, o lakaat herzel, en o zoull-laeron pennañ, izili Poellgor Forbanned Chicago. 355 den a zo bet harzet. Kalz dielloù a zo bet kavet, ar pezh a dalvez e vo lakaet harz war dud all. Setu yac'husaet kêr Chicago evit gwir. E-touez an disklêriadennoù en deus graet an aotrou Tintin d'ar c'hazetennoù en deus lavaret en doa gwelet ar c'hangsterien evel enebourien touet, kriz ha didruez. Alies-mat e voe darbet dezhañ paeañ dre briz e vuhez an tagadennoù en doa graet outo gant herder. Hiziv, erfin, en deus gounezet an trec'h war an holl skoilhoù. Amerika en he fezh a zalc'ho, asur ez omp eus se, da ziskouez hec'h anaoudegezh da Dintin, ar c'helaouaer, ha d'e geneil feal, Milou, trec'h war forbanned Chicago!...

BEVET TINTIN & MILOU

Goude un nebeud lidoù e sav Tintin e bourzh e lestr etrezek Europa...

Dipitus eo... A-boan ma oan krog da gustumiñ...

TOOOOOT

HERGÉ.